KINDERAROMATHERAPIE

MARION WINTER/MICHAEL KRAUS

KINDERAROMATHERAPIE

Heilen und Pflegen mit ätherischen Ölen
– für Säuglinge, Kleinkinder und Schulkinder

Verlag Simon & Wahl

KINDERAROMATHERAPIE

1.–6. Tausend, August 1994
7.–16. Tausend, Januar 1995
© Verlag Simon und Wahl, Am Mauret 2, 85116 Egweil

Titelfoto: Bavaria Bildagentur
Lektorat: Elke Bayer
Druck: Graphischer Großbetrieb Pößneck GmbH

ISBN 3-923330-12-X

INHALTSVERZEICHNIS

Dank 6

Vorwort 7

Ätherische Öle 9
   Gewinnung 10
   Haltbarkeit und Aufbewahrung 11
   Index für die Kinderpflege von A-Z 13

Dosierung für Säuglinge, Kleinkinder und Schulkinder 18

Allergietest 19

Hydrolate 20

Pflanzenöle 22

Rohstoffe 25

Anwendungsmöglichkeiten 28
   Duftlampe 28
   Einreibungen 32
   Massagen 34
   Inhalationen 36
   Bäder 37

Kindererkrankungen und ätherische Öle 40

Natürliche Baby- und Kinderpflege 46

Kinder-Duft-Spiele 49

Literaturempfehlungen 52

Dank

Mein herzlicher Dank gilt allen, die mir bei der Arbeit an diesem Buch geholfen haben. Besonders meiner Mutter, die mir die Ausführung all meiner Ideen möglich macht, Michael Kraus für die fachliche Mitarbeit, dem Kinderarzt Ralf Beyrich, dem Baby Julian sowie den Zwillingen Sabine und Christoph.

Vorwort

Seit einigen Jahren ist das Interesse an ätherischen Ölen aus seinem Dornröschenschlaf erwacht.
Zuerst nur einem kleinen Kreis von Kennern und Liebhabern vorbehalten, dringen die Essenzen immer stärker ins Bewußtsein und in die Herzen der Menschen. Das Zeitalter der Nase hat begonnen. Tauchen Sie mit Ihren Kindern ein in die Welt der Düfte und lassen Sie sich bezaubern! Gehen Sie den Weg der Nase!

Speziell für die Kinderpflege bieten ätherische Öle natürliche therapeutische Anwendungsmöglichkeiten. Die Aromen sind hochwirksame Essenzen, die häufig "schwere Geschütze" von Medikamenten vermeiden lassen. So können Sie damit gezielt seelische Verstimmungen Ihrer Kleinen beeinflussen sowie bei Verletzungen oder Kindererkrankungen lindernd und unterstützend helfen.

ÄTHERISCHE ÖLE

Die ätherischen Öle erzählen uns von den Geheimnissen der Pflanzen. In ihrem Duft liegen unschätzbare Botschaften für uns Menschen. Das Wesen der Pflanze offenbart sich denen, die bereit sind "hinzuriechen"! Die Essenzen sind der am wenigsten materielle Teil der Pflanzen, sie verströmen sich in den Kosmos. Durch ihre Anwendung erfährt der Mensch wieder eine stärkere Verbindung mit dem geistigen und seelischen Aspekt des Lebens.
So wirken die ätherischen Öle auf vielen Ebenen, z. B. stimmungsaufhellend, belebend, entspannend, tröstend, anspornend, durchwärmend, besänftigend, keimtötend etc. In der Pflanzenwelt finden wir die ätherischen Öle in sämtlichen verschiedenen Pflanzenteilen:

beim Baldrian in der Wurzel,

beim Knoblauch in der Zwiebel,

beim Weihrauch im Harz,

beim Zimt in der Rinde,

beim Sandelholz im Stamm- oder Wurzelholz,

beim Basilikum in den Blättern,

beim Ylang Ylang in den Blüten,

beim Anis in den Samen,

bei der Orange in der Fruchtschale.

Die Essenzen befinden sich in verschiedenen Organen der Pflanze:

ÖLDRÜSEN ODER DRÜSENHAARE
(ein- oder mehrzellig)
Bei Lavendel, Rosmarin, Thymian etc.

ÖL- ODER HARZGÄNGE
Hohlräume im Pflanzengewebe, die sich durch das natürliche Wachstum erweitern, speichern die Essenzen oder Harze. Bei Anis, Fenchel, Kümmel, Weihrauch, Edeltanne, Myrrhe etc.

ÖLZELLEN
Mehrere solcher Zellen schließen sich durch Zellwandauflösung zu größeren Ölbehältern zusammen. Bei Zitrone, Orange, Bergamotte etc.

GEWINNUNG:

Grundlegend gibt es drei verschiedene Verfahren, die zur Herstellung von ätherischen Ölen angewendet werden: Pressung, Extraktion und Destillation.

PRESSUNG:
Bei den Zitrusölen werden die Fruchtschalen zerkleinert und kalt gepreßt. Z. B. Orange, Zitrone, Bergamotte, Pampelmuse, Clementine etc.

EXTRAKTION:
Die Extraktion wird bei feinen Blüten und Harzen angewendet.
Als Lösungsmittel dienen Petrolether, Hexan, Methanol, Ethanol, Butan und Kohlendioxid. Das Pflanzenmaterial wird mit den jeweiligen Lösungsmitteln versetzt und erwärmt. Nach einiger Zeit haben die Blüten ihren Duft auf das Lösungsmittel übertragen. Dieses wird zweifach destilliert. Der dabei entstandene Rückstand ist das Concrete. Um aus dem

Concrete das Absolue zu gewinnen, muß es mit Alkohol gemischt und auf ca. 50°C erwärmt werden. Danach erfolgt eine Filtration der wieder auf ca. 5°C abgekühlten Lösung. Zwei anschließende Destillationen lassen das Endprodukt, das Absolue entstehen. Eine moderne Extraktionsart ist die Verwendung von Kohlendioxid. Da hierbei mit Temperaturen unter der menschlichen Körperwärme gearbeitet wird, ist diese Art der Gewinnung für empfindliche Blüten ideal!

DESTILLATION:
Die gebräuchlichste Art ist die Wasserdampfdestillation. Das Pflanzenmaterial wird in einen Behälter aus Stahl oder Kupfer geschichtet. Eingeleiteter Wasserdampf nimmt die flüchtigen Pflanzenbestandteile auf. Dieses Gemisch wandelt sich auf seinem Weg durch die Kühlschlangen in Wasser und ätherisches Öl.

HALTBARKEIT UND AUFBEWAHRUNG

Die teilweise aus Tonnen von Blüten (Jasmin, Rose, Narzisse, Magnolie) oder Hunderten Kilo von Blättern, Nadeln, Hölzern und Harzen gewonnenen Essenzen sind kostbarste Geschenke der Natur. Mit ihnen sollten wir sorgsam und behutsam umgehen! Vergleichbar mit dem homöopathischen Prinzip, ist nicht die Menge ausschlaggebend. Ein zarter Impuls wirkt oft besser als eine massive Attacke.
Bei der Aufbewahrung sollten Sie darauf achten, daß die Essenzen möglichst kühl und lichtgeschützt stehen. Die Flaschen sollten gut verschlossen sein und nicht unnötig längere Zeit offen stehen bleiben. Wenn Sie dies berücksichtigen, werden Sie lange Freude an den Ölen haben. Bei sachgemäßer Lagerung können Sie von folgender Haltbarkeit ausgehen:

Zitrusdüfte	1 - 2 Jahre
Blumige Düfte	- 2 Jahre
Krautige Düfte	- 2 Jahre
Gewürzhafte Düfte	2 - 3 Jahre
Harzige Düfte	nahezu unbegrenzt haltbar, werden mit dem Alter besser
Holzige Düfte	nahezu unbegrenzt haltbar, werden mit dem Alter besser

ÄTHERISCHE ÖLE UND KINDER

Säuglinge und Kleinkinder leben noch in einer Welt, die unangetastet ist von Pflichten, Notwendigkeiten und der Verantwortung des Erwachsenenlebens. Sie schwimmen noch geborgen im Meer, zwischen dem Ätherischen und dem Materiellen. In dieser Reinheit und Feinfühligkeit sind sie besonders empfänglich für den Duft der ätherischen Öle, der sehr wohltuend auf Stimmung und Gemüt einwirken kann. Es ist ein riesiges Trauerspiel, daß das neugeborene Kind als ersten Dufteindruck so oft die sterile Krankenhausluft erfährt. Welch ein Fest wäre das Geburtserlebnis mit dem Duft der warmen, fruchtigen Orange, einer Spur vom Blütenzauber des Jasmins oder vom süßen wohligen Honig. Das würde mehr Freude am Leben vermitteln!

Die ätherischen Öle wirken gleichzeitig auf Körper und Psyche. Sie werden durch die Haut aufgenommen oder gelangen durch die Atmung über die Lungenbläschen in das Blut und den Organismus. Dort können sie ihrer Eigenschaft entsprechend heilend, lindernd oder unterstützend wirken.

Die Riechzellen in der oberen Nasenregion leiten die Duftinformationen direkt ins Gehirn, wo sie nachhaltig auf Stimmung, Gefühle und seelische Verfassung Einfluß nehmen.

Verwenden Sie ausschließlich 100% naturreine ätherische Öle. Achten Sie darauf, daß die Essenzen nicht pur mit Augen und Schleimhäuten in Berührung kommen und bewahren Sie die Öle für Kinderhände unzugänglich auf!

Ätherische Öle für die Kinderpflege
Ein Öl-Index von A-Z

Anis
Schleimlösend, krampflösend, blähungswidrig, verdauungsfördernd, magenerwärmend, appetitanregend

Benzoe
Durchwärmend, balsamisch, schleimlösend

Bergamotte
Angstlösend, stimmungsaufhellend, antiseptisch, blähungswidrig, fiebersenkend, krampflösend, magenanregend

Blutorange
Siehe Orange süß

Cedernholz
Nervenberuhigend, kräftigend, entzündungshemmend

Clementine
Siehe Mandarine

Eukalyptus
Fiebersenkend, auswurffördernd, harntreibend, krampflösend, erkältungswidrig

Fenchel
Appetitanregend, verdauungsfördernd, harntreibend, schleimlösend, krampflösend, mild abführend

Grapefruit
Blutreinigend, erfrischend, zusammenziehend, durchblutungsfördernd, Leber und Galle anregend

Honig Absolue
Beruhigend, harmonisierend, balsamisch, durchwärmend

Jasmin
Krampflösend, beruhigend, schlaffördernd

Kakao Absolue
Beruhigend, Gefühlsausbrüche beschwichtigend, harmonisierend

Kamille-Blau
Entzündungshemmend, schmerzstillend, krampflösend, beruhigend, schweißtreibend, fiebersenkend, wundheilend, verdauungsfördernd

Kamille-Römisch
Krampflösend, antiseptisch, schmerzlindernd

Karottensamen
Krampflösend, blutbildend, lymphflußanregend

Krauseminze
Auswurffördernd, antiseptisch, krampflösend, verdauungsfördernd, schmerzstillend, durchblutungsfördernd

Latschenkiefer
Antiseptisch, auswurffördernd, schleimlösend, durchblutungsfördernd, abwehrstärkend

Lavendel
Antiseptisch, krampflösend, schmerzstillend, entgiftend, harn- und schweißtreibend, herzstärkend, verdauungsfördernd, beruhigend, schlaffördernd

Limette
Antiseptisch, magenstärkend, blähungswidrig, verdauungsfördernd, blutreinigend, fiebersenkend, entschlackend, stimmungsaufhellend, erfrischend

Mairose
Krampflösend, wundheilend, beruhigend, ausgleichend

Mandarine
Stimmungsaufhellend, erfrischend, blutreinigend, anregend

Melisse Officinalis
Krampflösend, entspannend, harmonisierend, herzstärkend, blähungswidrig, schlaffördernd, nervenberuhigend

Mimose Absolue
Harmonisierend, besänftigend, beruhigend, krampflösend

Minze
Magenstärkend, krampflösend, schmerzlindernd, entzündungshemmend, blähungswidrig, kühlend

Myrrhe
Desinfizierend, zusammenziehend, pilztötend, balsamisch, schleimlösend, blutreinigend

Nelke
Keimtötend, schmerzstillend, magenstärkend, krampflösend, verdauungsfördernd, auswurffördernd, blähungswidrig, wundheilend

Neroli
Verdauungsfördernd, stimmungsaufhellend, krampflösend, herzberuhigend, nervenstärkend

Orange - süß
Blutdrucksenkend, harmonisierend, blutreinigend, stoffwechselanregend, appetitanregend, verdauungsfördernd, herzstärkend, fiebersenkend

Palmarosa
Entspannend, krampflösend, beruhigend, harmonisierend

Rose
Antiseptisch, beruhigend, herzstärkend, krampflösend, wundheilend, blutreinigend, harmonisierend

Rosengeranie
Stärkend, schmerzlindernd, wundheilend, blutstillend, Nebennieren anregend, hautpflegend

Rosenholz
Harmonisierend, blutdrucksenkend, wundheilend, hautberuhigend, nervenstärkend

Sandelholz
Harntreibend, entzündungshemmend, auswurffördernd, schleimlösend, erwärmend, beruhigend, stärkend

Tea Tree
Keimtötend, infektionshemmend, wundheilend, pilztötend, schweißtreibend, Immunsystem stärkend

VANILLE
Beruhigend, entspannend, nervenstärkend, durchwärmend, stimmungsverbessernd

VERBENE
Krampflösend, verdauungsfördernd, schlaffördernd, magenstärkend, nervenberuhigend

YLANG YLANG
Beruhigend, blutdrucksenkend, Atem- und Herzfrequenz mindernd, nervenberuhigend, krampflösend

YSOP
Beruhigend, entzündungshemmend, verdauungsfördernd, blutdrucksenkend, magenstärkend, schleimlösend, herzstärkend, blutreinigend

ZIMT
Magen- und herzstärkend, anregend, durchwärmend, verdauungsfördernd, antiseptisch, durchblutungsfördernd

ZITRONE
Blutreinigend, blutstillend, weiße Blutkörperchen aktivierend, fiebersenkend, herzstärkend, entschlackend, abwehrsteigernd, erfrischend, belebend, zusammenziehend, verflüssigend

Dosierung der Essenzen

Gehen Sie sehr sparsam mit den ätherischen Ölen um. Kinder reagieren schon auf kleinste Mengen sehr positiv. Hier eine Liste, nach der Sie die richtige Dosis wählen können:

Anwendung	Säuglinge	Kleinkinder	Schulkinder
Einreibung/Massage	1 Tropfen auf 10 ml Trägeröl	2 Tropfen auf 10 ml Trägeröl	3 Tropfen auf 10 ml Trägeröl
Bäder	2 Tropfen auf eine Babybadewanne	4 Tropfen auf eine kleine Badewanne	6 Tropfen auf eine Badewanne
Inhalation	1 Tropfen auf eine Schüssel mit heißem Wasser	2 Tropfen auf eine Schüssel mit heißem Wasser	3 Tropfen auf eine Schüssel mit heißem Wasser
Duftlampe	1 Tropfen auf eine gefüllte Schale mit Wasser	2 Tropfen auf eine gefüllte Schale mit Wasser	3 Tropfen auf eine gefüllte Schale mit Wasser

Achten Sie darauf, daß die Essenzen nie pur verwendet werden, sondern immer verdünnt, und bewahren Sie die ätherischen Öle für Kinder unzugänglich auf.

Kinder-Aromatherapie kann als Unterstützung und Linderung unterschiedlichster Verstimmungen und Erkrankungen eingesetzt werden. Sie leistet aber keinen Ersatz für angezeigte ärztliche Hilfe.

Allergietest

Leider lassen sich Überreaktionen auf natürliche Grundstoffe nicht ausschließen. Für empfindliche, leicht allergische Kinder eignet sich zur Feststellung der Verträglichkeit von verschiedenen Stoffen ein einfacher Allergietest, mit dem sich jeder einzelne Grundstoff leicht selbst testen läßt.

Ätherische Öle müssen für den Hauttest verdünnt geprüft werden. Unverdünnte Essenzen können Hautreizungen auslösen!
Mischen Sie dazu 1 Teel. Pflanzenöl (Sonnenblumenöl) mit 1 Tr. ätherischem Öl.

Für den Test geben Sie etwas von der Testsubstanz auf eine Hautstelle an der Oberarminnenseite oder in der Ellenbeuge. Nach ca. 24 Stunden ist der Test beendet. Sollte bis dahin keine Reaktion auftreten, besteht mit der Verträglichkeit wahrscheinlich kein Problem. Bei Rötung, Juckreiz o. ä. empfiehlt es sich, die angegebenen Rezepte entsprechend zu ändern oder andere Zutaten auszuwählen.

Hydrolate

Ein Mauerblümchendasein führen die Hydrolate. Dabei enthalten sie wertvolle Wirkstoffe der Pflanzenwelt. Das bekannteste Hydrolat ist wohl das Rosenwasser, welches zur Marzipanherstellung verwendet wird.
Durch den Destillationsvorgang löst der Wasserdampf die ätherischen Öle aus der Pflanze und treibt sie durch ein Kühlrohr nach oben. In einem Gefäß wird nun Wasser und ätherisches Öl gesammelt. Da das Öl in der Regel leichter als Wasser ist, schwimmt es oben und läßt sich leicht trennen. So erhält man einen öligen Anteil, das ätherische Öl, und einen wässrigen Anteil, das Hydrolat. Es enthält die wasserlöslichen Substanzen der Pflanzen und ist ca. 6 Monate haltbar. Hydrolate lassen sich sehr vielseitig anwenden: Für

Badezusätze
ca. 10 - 20ml Hydrolat pur dem eingelassenen Badewasser zusetzen

Kompressen
1/4 l Wasser mit ca. 20ml Hydrolat vermischen und Leinentücher oder Windeln damit tränken

Inhalationen
1 l gut warmes Wasser mit ca. 20ml Hydrolat vermischen

Mundpflege
100ml Hydrolat mit 2-3 Tropfen ätherischem Öl vermischen und vor jeder Anwendung schütteln

Duftlampe
Hydrolat unverdünnt in die Duftlampe füllen.

Die meistverwendeten Hydrolate und ihre Anwendungsgebiete sind:

HAMAMELISHYDROLAT
entzündungshemmend, wundheilend, für Akne und empfindliche Haut

KAMILLENHYDROLAT
entzündungshemmend, wundheilend, für empfindliche und trockene Haut, zur Babypflege, bei Akne und Sonnenbrand

LAVENDELHYDROLAT
beruhigend, antiseptisch, wundheilungsfördernd, zur Babypflege, als Abendbad bei Akne, Ekzemen, Verbrennungen oder Sonnenbrand

MINZENHYDROLAT
antiseptisch, schmerzlindernd, zur Mundpflege

ORANGENBLÜTENWASSER
antiseptisch, hautpflegend, zellbildungsanregend, für trockene, unreine Haut und Akne

ROSENWASSER
harmonisierend, beruhigend, besonders hautverträglich, als Gesichtswasser für trockene und reife Haut, zur Babypflege, als Badezusatz

ROSMARINHYDROLAT
anregend, kreislaufstärkend, durchblutungsfördernd, als Körperwasser und Badezusatz

SALBEIHYDROLAT
schweißhemmend, entzündungshemmend, für unreine Haut

Pflanzenöle

Basisöle, Trägeröle oder auch fette Öle genannt, sind Pflanzenöle, die als Grundsubstanz und zum Verdünnen verwendet werden. Pflanzenöle wirken auf die Haut beruhigend, pflegend, wärmend und schützend und werden leicht aufgenommen. Wichtig ist die gute Qualität der Trägeröle. Deshalb sollten unraffinierte Öle aus der 1. Kaltpressung bevorzugt werden. Basisöle ermöglichen den ätherischen Ölen, die in der Regel nicht unverdünnt aufgetragen werden dürfen, die Aufnahme über die Haut.
Sie sollten in dunklen Flaschen licht- und luftgeschützt aufbewahrt werden. Die Haltbarkeit der fetten Öle beträgt ca. 6-12 Monate.

Mineralöle sind Abfallprodukte der Erdölgewinnung und werden z. B. für Babyöle in vielen Baby-Pflegeartikeln verwendet. Diese Öle haben die Eigenschaft, sich als Film auf die Haut zu legen, wo durch die Körperwärme ein Wärme- und Schweißstau entstehen kann. Darüberhinaus entziehen Mineralöle den tieferen Hautschichten Feuchtigkeit. Dadurch sind sie speziell für empfindliche Kinderhaut völlig ungeeignet. Für die Industrie haben diese Paraffinöle den Vorteil, daß sie nicht ranzig werden und daher nahezu unbegrenzt haltbar sind. Diese Öle sind jedoch ohne Lebenskraft.

Aloe-vera-Öl

ist ein Mazerat, d. h., daß die Pflanzenteile in Öl, z. B. in Sojaöl, eingelegt werden.
Die in den Blättern der Pflanze enthaltene zähflüssige Masse wirkt regulierend auf den Feuchtigkeitshaushalt der Haut.

Avocadoöl
wird aus dem Fruchtfleisch der Avocado gewonnen und ist ein mildes, gut verträgliches Öl.

Haselnussöl
Das durch Pressung von Haselnüssen gewonnene Öl duftet angenehm nußartig und eignet sich als Basisöl für Cremes oder Ölmischungen und besonders für Sonnenpflegeprodukte.

Jojobaöl
Das flüssige Wachs der Jojobabohne zeichnet sich durch besonders lange Haltbarkeit aus, da es nicht ranzig wird. Durch die feuchtigkeitsregulierenden und pflegenden Eigenschaften ist es ein hochwertiges Öl für Haut und Haare.

Kokosnussöl
Die weißliche, feste Masse muß vor der Anwendung leicht erwärmt werden, damit sich das Öl verflüssigt. Das Öl legt sich wie ein Film auf die Haut und schützt so vor Feuchtigkeitsverlust.

Macadamianussöl
dringt leicht in die Haut ein und ist sehr gut verträglich und pflegend.

Mandelöl süss
Eine vielseitig einsetzbare Öl-Grundlage, die sich besonders für Bade-, und Massageöle eignet. Die kaltgepreßten süßen Mandeln des Mandelbaumes sind außerdem ein sehr preisgünstiges Pflanzenöl.

Olivenöl
hat einen stärkeren Eigengeruch, eignet sich aber für alle Mischungen.

Sesamöl

Es kann leicht ranzig werden und wird daher besser für Mischungen verwendet. Durch den natürlichen Lichtschutzfaktor ist es auch als leichte Sonnenpflege zu empfehlen.

Sonnenblumenöl

Es riecht leicht nussig und eignet sich gut für Sonnenschutz- und Sonnenpflegeprodukte.

Walnussöl

hat einen stärkeren Nußgeruch und zieht sehr schnell in die Haut ein.

Weizenkeimöl

wirkt durch den hohen Vitamin-E-Gehalt als natürliches Konservierungsmittel. Ölmischungen zu ca. 10% zugesetzt, wirkt es stabilisierend und erhöht deren Haltbarkeit.

Rohstoffe

Die Rohstoffe sind die Grundlage der natürlichen Kinderpflege. Achten Sie deshalb darauf, daß alle verwendeten Produkte frei von synthetischen Substanzen, mit verständlicher Deklaration versehen und tierversuchsfrei sind.
Die folgenden Zusatzstoffe sind für die Pflege von Kindern sehr nützlich. Oft lassen sich mit ganz einfachen, natürlichen Mitteln kleine Beschwerden sehr wirksam lindern.

Ätherische Öle:
100% naturrein, durch Wasserdampfdestillation oder Alkoholauszug gewonnen

Alkohol:
Weingeist ist Lösungsmittel ätherischer Öle und Konservierungsmittel; Er wirkt desinfizierend, erfrischend und belebend

Bienenwachs:
ein Stoffwechselprodukt der Honigbienen, Konsistenzgeber in Pflegeprodukten

Gelbes Bienenwachs:
ungebleichtes, unbehandeltes Bienenwachs, kann bei sehr empfindlicher Haut Allergien auslösen

Weißes Bienenwachs:
chemisch gebleichtes Bienenwachs, enthält dadurch weniger Pestizidrückstände und Verunreinigungen, bei allergischer, sensibler Haut gut geeignet

Haferkleie:
pflegend bei irritierter Haut

Heilerde:
wirkt entzündungshemmend und beruhigend

Hydrolate:
enthalten den wasserlöslichen Anteil vom Destillieren

Kakaobutter:
aus den Bohnen des Kakaobaumes, als Konsistenzgeber in Pflegeprodukten. Der Schmelzpunkt liegt bei ca. 30°C

Pflanzenöle:
als Emulgatoren für ätherische Öle. Grundlage für Mischungen von Haut- und Massageölen, sind sehr pflegend und gut hautverträglich

Puder:
Seidenpuder ist die ideale Pudergrundlage. Die meisten anderen Puder verklumpen in Verbindung mit der Hautfeuchtigkeit und verstopfen dadurch die Poren

Quark:
wirkt entzündungshemmend und beruhigend

Sahne:
ist ein natürlicher Emulgator für die ätherischen Öle und sehr pflegend

Salz:
Meersalz oder grobkörniges Haushaltssalz für Bäder wirkt belebend und ist für allergische, entzündliche Haut bestens geeignet

SHEABUTTER:
aus den Kernen des Karite-Baumes, schützt vor Austrocknung und ist sehr hautpflegend

WASSER:
Quellwasser, gefiltertes Leitungswasser oder Mineralwasser

WOLLWACHS:
aus den Talgdrüsen von Schafen, wichtig ist die gute Qualität des Wachses, da sonst hohe Pestizidrückstände vorhanden sein können

Zutaten in Pflegeprodukten, die Sie wegen der schädlichen Wirkung unter allen Umständen vermeiden sollten, wären z. B.:

PARAFFIN- ODER MINERALÖLE:
dichten die Haut ab, behindern die Schweißproduktion und entziehen der Haut Feuchtigkeit

VASELINE:
besteht aus Paraffinöl und behindert die Feuchtigkeits- und Schweißregulation auf der Haut

SYNTHETISCHE ÄTHERISCHE ÖLE:
oft auch naturidentische ätherische Öle oder Duftöle genannt. Diese Öle sind den natürlichen Aromen chemisch im Labor nachgebaut und können eine ganz andere, auch schädliche Wirkung erzielen

Anwendungsmöglichkeiten

Duftlampe

Die Duftlampe ist eine wundervolle Möglichkeit, die kostbaren Essenzen gezielt einzusetzen. Ätherisch heißt himmlisch. Und so wirken die Öle auch. Durch feinste Verteilung im Raum können die Essenzen je nach Wirkungsweise beruhigend, anregend, belebend, konzentrationsfördernd, einschläfernd oder harmonisierend die Psyche beeinflussen. Die meisten ätherischen Öle wirken desinfizierend, raumluftverbessernd, antiviral, antibaktericid und sind daher besonders in Krankheitszeiten sehr wichtig. Zu Ölen mit dieser speziellen Wirkung zählen besonders Tea Tree, Lavendel und Salbei. In trockenen Räumen erfüllen die Duftlampen auch den Zweck eines Wasserverdunsters und erhöhen dadurch die Raumluftfeuchtigkeit.

Die Duftlampen bestehen aus einer Wasserschale und einer Wärmequelle. Durch das Teelicht unter der Wasserschale erhitzt sich das Wasser, und die darin befindlichen Essenzen werden im Raum feinst verteilt. Beim Einatmen gelangt so der Wirkstoff in die Lungen und in den Blutkreislauf, wo die Öle je nach Anwendungsgebiet wirken.
Die Größe der Duftlampe hängt von der Raumgröße ab. Bei kleinen Räumen kann auch eine kleinere Lampe gute Dienste tun. Nur muß hier öfter auf die Wasserschale geachtet werden, da das Wasser schneller verdunstet. In größeren Räumen können auch ein paar Tropfen Öl mehr verwendet werden. Richten Sie sich da ganz nach Ihrer Nase. Die Düfte sollten als angenehme Wohlgerüche im Raum sein, nicht aber als penetrante Geruchsbelästigung.

Geben Sie in die mit Wasser gefüllte Schale je nach Raumgröße 3-10 Tropfen ätherisches Öl. Betreiben Sie die Duftlampe nie ohne Wasser, da die Essenzen feuergefährlich sind. Mit warmem Wasser verkürzt sich die Zeit der Erwärmung erheblich. Für Ölmischungen können bis zu 3 verschiedene Essenzen verwendet werden. Für die Reinigung der Duftlampe genügt es, wenn die Wasserschale mit einem Tuch ausgerieben oder über Nacht in Essigwasser eingelegt wird, um die manchmal entstehenden Kalkränder zu lösen.

Düfte, die als wohlriechend empfunden werden, wirken meist ausgleichend und harmonisierend. All diejenigen Öle, die nach persönlichem Geruchsempfinden angenehm duften, können auch gut als Essenzen in der Duftlampe verwendet werden. Bei Ölen, deren Geruch als störend oder unangenehm empfunden wird, sollte der Gebrauch vermieden werden, auch wenn diese Öle von der Wirkung her gut geeignet wären.

Speziell für Kinder werden auch elektrische Duftlampen angeboten. Dort wird das Wasser durch eine Glühbirne erhitzt, wodurch ein brennendes Teelicht als mögliche Gefahrenquelle umgangen wird. Ein weiterer Vorteil liegt auch darin, daß das Wasser mit dem Öl nicht überhitzt werden kann.

Die Duftlampe ist auch ein schöner Blickfang und für Kinder, die nur bei Licht einschlafen können, eine beruhigende Lichtquelle.

Die Dosierung richtet sich nach dem Alter der Kinder. So genügt für Säuglinge 1 Tropfen, für Kleinkinder 2 Tropfen und für Schulkinder ca. 3 Tropfen in der Duftlampe.

BERUHIGENDE, ENTSPANNENDE ESSENZEN:
Benzoe, Cedernholz, Honig, Jasmin, Kamille blau, Kakao, Lavendel, Mairose, Melisse officinalis, Mimose absolue, Palmarosa, Rose, Rosengeranie, Sandelholz, Vanille, Ylang-Ylang, Ysop

ANREGEND, BELEBEND:
Grapefruit, Limette, Minze, Orange, Zimt, Zitrone

STIMMUNGSAUFHELLEND, ANTIDEPRESSIV:
Bergamotte, Limette, Neroli, Orange, Rosengeranie

DUFTLAMPENMISCHUNGEN FÜR KINDER AB 12 MONATEN

RUMPELSTIELZCHEN (BELEBEND)
je 1 Tr. Grapefruit, Orange und Limette

SCHNEEWITTCHEN (BERUHIGEND)
je 1 Tr. Mairose und Rosengeranie

SANDMÄNNCHEN (EINSCHLÄFERND)
je 1 Tr. Lavendel und Palmarosa

TRÄUMELINCHEN (FÜR SCHÖNE TRÄUME)
je 1 Tr. Rose und Rosengeranie

BETTHUPFERL (AUSGLEICHEND, ENTSPANNEND)
je 1 Tr. Benzoe, Vanille und Orange

HALLO WACH (KONZENTRATIONSFÖRDERND)
je 1 Tr. Zitrone, Limette und Minze

HUSTEN-BÄR
je 1 Tr. Thymian und Eukalyptus

GLÜCKSKIND - FÜR KINDERGEBURTSTAGE
je 1 Tr. Vanille, Orange und Zimt

FLIEGENKLATSCHE - GEGEN STECHMÜCKEN
je 1 Tr. Lavendel, Zitrone und Nelke

Einreibungen

Bei Husten, Schnupfen und Heiserkeit sind heilende Dämpfe eine Wohltat. Durch die Körperwärme verdunsten die ätherischen Öle und bringen heilsamen Schlaf. Die Essenzen sorgen für freie Nasen, indem die Nasenmuscheln abschwellen und dadurch die Atmung frei wird. So ist der Kopf frei, und die Kinder können besser ein- und durchschlafen.

Vor dem Einschlafen wird der Brustbalsam auf Rücken und Brust eingerieben und mit einem warmen Seiden- bzw. Baumwolltuch oder Wollschal abgedeckt. Nun können Sie den Schlafanzug darüberziehen und die Kinder ins vorgewärmte Bett stecken.

Für den Brustbalsam eignen sich folgende ätherische Öle:
Anis, Cajeput, Eukalyptus, Kamille, Lavendel, Melisse, Nelke, Tea Tree, Thymian weiß, Ysop

Die Zubereitung eines Brustbalsams ist ganz einfach.
Sie können die Essenzen z. B. einer fertig vorhandenen Creme oder Salbe beimengen. Verwenden Sie dazu eine Mischung aus bis zu 5 verschiedenen ätherischen Ölen - insgesamt 5 bis 7 Tropfen - auf 50g Creme.
Oder Sie mischen sich die Grundlage selbst. Dafür 50g Wollwachs mit 15g Kokosöl im Wasserbad langsam auf ca. 30°C erhitzen und verrühren und während der Abkühlphase die Essenzen untermischen.

Sanfte Berührungen wirken wohltuend und entspannend. Körperöle sind pflegend, schützend, einhüllend und wärmend. Gönnen Sie sich und Ihrem Kind die angenehme Zweisamkeit einer Massage. Für die Streicheleinheiten ist es gut, wenn das Zimmer leicht abgedunkelt und wohl temperiert ist.
Es empfiehlt sich, das Massageöl leicht im Wasserbad zu erwärmen. Dadurch gibt es keinen Kälteschock, und die Haut nimmt das Hautöl viel besser auf. Die ätherischen Öle gelangen über die Haut in den Körper und entfalten dort ihre Wirkung. In die feuchte Haut kann das Öl noch

besser einziehen. Deshalb sind Massagen nach dem Baden oder Duschen ideal. Das Hautöl kann auch mit leicht feuchten Händen einmassiert werden.
Bis zu 3 verschiedene ätherische Öle können für Hautölmischungen verwendet werden. Da die Essenzen nie pur auf die Haut aufgetragen werden dürfen, vermischt man sie mit Trägerölen. Als Grundlage eignen sich alle Pflanzenöle, am besten kaltgepreßt.
Verteilen Sie ca. 1 Eßl. des angewärmten Massageöles auf der Haut und massieren Sie entweder knetend oder nur durch leichte, zarte Ausstreichungen im Uhrzeigersinn. Alle Bauchmassagen sollten rechtsherum, d. h. im Uhrzeigersinn ausgeführt werden.

Als Grundrezept für die Haut- und Massageöle mischen Sie das Pflanzenöl mit der Essenz.

Säuglinge: 1 Tr. ätherisches Öl auf 10ml Pflanzenöl
6 Tr. ätherisches Öl auf 100ml Pflanzenöl

Kleinkinder: 2 Tr. ätherisches Öl auf 10ml Pflanzenöl
10-15 Tr. ätherisches Öl auf 100ml Pflanzenöl

Schulkinder: 3 Tr. ätherisches Öl auf 10ml Pflanzenöl
15-20 Tr. ätherisches Öl auf 100ml Pflanzenöl

Von Essenzen wie Rose, Neroli, Ylang-Ylang, Melisse, Rosmarin, Zimt oder Jasmin genügen oft nur 1-3 Tr. auf 100ml Trägeröl.

ENTSPANNENDE, BERUHIGENDE ÖLE SIND:
Benzoe, Honig, Jasmin, Kamille, Lavendel, Mairose, Melisse officinalis, Rose, Rosengeranie, Sandelholz, Vanille, Ylang-Ylang

ANREGENDE, BELEBENDE ÖLE SIND:
Grapefruit, Limette, Minze, Orange, Zitrone

ERHEITERNDE, ANTIDEPRESSIVE ÖLE SIND:
Limette, Neroli, Honig, Orange, Vanille, Rosengeranie

HAUT- UND MASSAGEÖLMISCHUNGEN FÜR SÄUGLINGE:

ALS WILLKOMMENSGRUß NACH DER GEBURT
100ml süßes Mandelöl
1 Tr. Rose
1 Tr. Rosengeranie
1 Tr. Jasmin

ZUR BABYMASSAGE
100ml süßes Mandelöl
2 Tr. Honig
2 Tr. Vanille
1 Tr. Orange

ANTI-BLÄHUNGSÖL
100ml süßes Mandelöl
1 Tr. Fenchel
1 Tr. Korriander
1 Tr. Kümmel

Haut- und Massageölmischungen für Kinder ab 12 Monaten

Einschlafmischung
100ml Mandelöl
10 Tr. Lavendel
4 Tr. Palmarosa

Abendöl
100ml Sonnenblumenöl
3 Tr. Honig
4 Tr. Vanille
2 Tr. Orange
1 Tr. Kakao

Gute-Laune-Öl
100ml süßes Mandelöl
1 Tr. Bergamotte
5 Tr. Orange
2 Tr. Limette

Belebendes Citrusöl
100ml süßes Mandelöl
3 Tr. Zitrone
4 Tr. Orange
2 Tr. Limette
2 Tr. Grapefruit

INHALATIONEN

Inhalationen wirken heilend auf die Atemwege und sind bei Erkältungskrankheiten mit Husten, behinderter Nasenatmung und heiserer Stimme hervorragend geeignet, die Symptome zu lindern. Durch den aufsteigenden Wasserdampf werden die Essenzen eingeatmet, gelangen über die Nase in die Lunge und können dort ihre Wirkung freisetzen.
Für eine Inhalation geben Sie ca. 1 Liter gut warmes bis heißes Wasser in ein Gefäß und fügen einen Tropfen ätherisches Öl dazu. Der Kopf wird über das Gefäß gebeugt und mit einem Handtuch abgedeckt, damit der Dampf nicht so schnell entweicht.

Inhalationen sollten für Kinder ab ca. 6 Jahren und nie ohne Aufsicht durchgeführt werden.

ESSENZEN BEI HUSTEN, SCHNUPFEN, HEISERKEIT:
Eukalyptus, Eukalyptus citriodora, Minze, Thymian

BÄDER

Bäder vereinen Vergnügen mit Heilwirkung und Reinigung. Sie können zwischen lustigen Schaumbergen oder pflegenden Ölbädern wählen. Die Wärme des Wassers fördert die Aufnahme über die Haut, der Duft beeinflußt über die Atmung die Psyche. Durch gezielte Auswahl der Essenzen kann so ein beruhigendes, anregendes, oder ein linderndes Bad bereitet werden.

Für Kinder mit empfindlicher oder allergischer Haut sollten Schaumbäder nicht verwendet werden. Die darin enthaltenen Tenside laugen die Haut aus und verschlimmern die Schuppung und den Juckreiz. Bei Ölbädern hingegen kann auf jegliches Nachcremen verzichtet werden. Ideale Grundlagen für Ölbäder sind Sahne, Vollmilch, Honig oder Pflanzenöle. Da sich die Essenzen nicht mit Wasser vermischen und auch nicht pur verwendet werden dürfen, müssen die ätherischen Öle emulgiert werden. Das geht ganz einfach. In 2-4 Eßl. Ölgrundlage werden die Essenzen gemischt und zusammen in die gefüllte Badewanne gegeben. Für Schaumbäder werden die Essenzen mit 100ml flüssiger Seifengrundlage (ohne Duftstoffe, ohne synthetische Konservierungsmittel und ph-neutral) vermischt und beim Einlaufen des Wassers zugegeben. Diese Mischung für Schaumbäder kann auch zum Duschen verwendet werden.

DOSIERUNG:

auf 2-4 Eßl. Ölbadgrundlage für	Säuglinge:	2 Tropfen ätherisches Öl (Babywanne)
	Kleinkinder:	4 Tropfen ätherisches Öl
	Schulkinder:	6 Tropfen ätherisches Öl
auf 100ml Schaumbad für	Säuglinge:	6-8 Tropfen ätherisches Öl
	Kleinkinder:	10-12 Tropfen ätherisches Öl
	Schulkinder:	15 Tropfen ätherisches Öl

ENTSPANNENDE ESSENZEN:
Lavendel, Honig, Rose, Geranie, Zeder, Orange

ANREGENDE ESSENZEN:
Zitrone, Bergamotte, Minze

BÄDER FÜR KINDER AB 12 MONATEN

ABENDBAD
3 Eßl. Sahne
3 Tr. Lavendel
2 Tr. Geranie
1 Tr. Melisse

MORGENBAD
3 Eßl. Sahne
1 Tr. Minze
2 Tr. Zitrone
2 Tr. Limette

ERKÄLTUNGSBAD
3 Eßl. Sahne
2 Tr. Eukalyptus
1 Tr. Thymian
2 Tr. Lavendel

ÖLBAD FÜR EMPFINDLICHE HAUT
3 Eßl. Pflanzenöl
2 Tr. Kamille
2 Tr. Lavendel

HONIGBAD FÜR EMPFINDLICHE HAUT
3 Eßl. flüssiger Honig
2 Eßl. Sahne
2 Tr. Honig
2 Tr. Vanille
2 Tr. Orange

BAD BEI HAUTEKZEMEN
3 Eßl. Meersalz
1 Tr. Kamille
2 Tr. Lavendel
1 Tr. Geranie

Kindererkrankungen und ätherische Öle

Breiumschläge

bringen Linderung bei Verstauchungen und Prellungen. 2-3 Eßl. Heilerde mit warmem Wasser zu einem Brei rühren und 2 Tr. Kamille und Lavendel dazugeben, auf ein Tuch streichen und auf die betroffene Stelle legen.

Wadenwickel

sind bei Fieber (40°C) hervorragend geeignet, die erhöhte Temperatur etwas zu senken. Dazu werden Tücher mit lauwarmem Wasser und Essenzen getränkt und um die Waden gelegt. Darüber Wollstrümpfe anziehen und zudecken. Je 1 Tr. Minze, Eukalyptus, Zitrone sind dafür gut geeignet. Die Wadenwickel 1 Stunde lang alle 5-10 Minuten erneuern.

Zwiebelsäckchen

lindert, bei nicht eitrigen Ohrenschmerzen aufs Ohr gelegt, die Beschwerden.
1 Zwiebel kleinschneiden oder hacken, 1 Tr. Lavendel dazugeben, in ein Tuch einschlagen und aufs Ohr legen.

Akne

entzündete, eitrige Stellen lokal mit 1 Tr. Lavendelöl betupfen.

Appetitlosigkeit

je 1 Tr. Majoran, Orange, Fenchel und Estragon in das Wasserschälchen der Duftlampe geben.

Atembeschwerden
Inhalationen mit 1 Tr. Latschenkiefer oder Eukalyptus bringen Erleichterung.

Augenentzündungen
1 Wattepad mit Rosenwasser tränken und ca. 15 Min. auf die geschlossenen Augen legen, anschließend mit Rosenwasser vorsichtig auswischen.

Bauchweh
den Bauch im Uhrzeigersinn mit einer Mischung aus 1 Eßl. süßem Mandelöl, 1 Tr. Kamille und 1 Tr. Fenchel massieren. Es empfiehlt sich, das Mandelöl vorher leicht anzuwärmen.

Blasenentzündung
Sitzbäder mit 1 Tr. Kamille bringen die Entzündung zum Abklingen und lindern die Beschwerden.

Blähungen
Bauchmassage im Uhrzeigersinn mit 1 Tr. Fenchel auf 1 Eßl. angewärmtes Mandelöl.

Ekzeme, Hautausschläge
Einölen mit einer Mischung aus 50ml Avocadoöl, 50ml Aloe vera Öl, 5 Tr. Lavendel, 1Tr. Neroli oder mit der Schutzsalbe von S. 32.

Entzündungen
lokal mit Lavendelöl betupfen.

Erbrechen
1 Tr. Minze auf ein Tuch geben und tief einatmen lassen.

ERKÄLTUNG
Inhalation von 1 Tr. Eukalyptus sowie Einreibung mit Brustbalsam von S. 32.

FIEBER
Wadenwickel mit 1 Tr. Minze, 1 Tr. Zitrone und 1 Tr. Eukalyptus bereiten.

HALSSCHMERZEN
Kindern ab 6 Jahren 1 Glas lauwarmes Wasser mit 1 Tr. Zitrone als Gurgelwasser geben.

HUSTEN, BRONCHITIS, ASTHMA
für die Duftlampe je 1 Tr. Ysop und Eukalyptus verwenden.
Inhalieren mit 1 Tr. Eukalyptus citriodora.
1 Tr. Eukalyptus oder Thymian weiß auf ein Stück Stoff träufeln und aufs Kopfkissen legen.
Einreibungen mit Brustbalsam von S. 32

HERPES
lokal 1 Tr. Tea Tree auftupfen.

IMMUNSTÄRKUNG
in der Duftlampe je 1 Tr. Lavendel, Zitrone, Tea Tree und Melisse verdunsten.

INSEKTENSTICHE
lokal 1 Tr. Lavendel oder Tea Tree auftupfen.

JUCKREIZ
juckreizstillende Lotion aus 100ml Lavendelhydrolat, 1 Eßl. weißer Ton, 3 Tr. Kamille, 10 Tr. Lavendel auf die Hautareale auftragen.

KONZENTRATIONSPROBLEME
für die Duftlampe 2 Tr. Minze und 1 Tr. Ysop verwenden.

KOPFSCHMERZEN
1 Tr. Minze auf ein Tuch geben und tief einatmen lassen ; leichte Kopfmassage mit 1 Tr. Minze pur.

MUNDENTZÜNDUNGEN
Für Kinder ab 6 Jahren ein Gurgelwasser aus 1 Glas lauwarmem Wasser mit 1 Tr. Zitrone zubereiten.

WUNDEN, KLEINERE
lokal mit 1 Tr. Lavendel oder Tea Tree beträufeln.

ZAHNEN
1 Teel. Mandelöl mit 1 Tr. Kamille vermischen und auf dem Ohr- und Kieferbereich einmassieren.

BEI SEELISCHEN VERSTIMMUNGEN WIE
Bettnässen, Hyperaktivität, Nagelkauen, Trotzphase, Nervosität, Antriebslosigkeit, Eifersucht, Daumenlutschen, Schreien, Stottern, Wutanfälle, Quengeln oder ähnlichen Symptomen sind beruhigende, ausgleichende Essenzen wie Benzoe, Lavendel, Geranie, Rose und Vanille für die Duftlampe oder für Bäder hervorragend geeignet.

Im allgemeinen empfiehlt es sich bei Infektionskrankheiten, in der Duftlampe Lavendel oder Tea Tree zu verdampfen, da diese Öle besonders desinfizierend und luftreinigend wirken.

MUSKELKATER
ein Badeöl aus 2 Eßl. Mandelöl mit je 2 Tr. Lavendel und Zitrone bereiten.

Milchschorf
mit einer Mischung aus 1 Eßl. Mandelöl und 1 Tr. Lavendel einölen, ca. 1 Stunde einwirken lassen und danach mit einem milden Shampoo abwaschen.

Nasenbluten
ein Tuch mit kühlem Wasser und 2 Tr. Minze tränken und in den Nacken legen.

Neurodermitis
Schutzsalbe aus Wollwachs und Kokosöl von S. 32 mit 6 Tr. Lavendel, 1 Tr. Tea Tree mischen und auf die betroffenen Stellen geben. Juckreiz-Lotion von S. 42 bereiten und auftragen.

Ohrenschmerzen
ein Zwiebelsäckchen mit 1 Tr. Lavendel aufs Ohr legen.

Pilzerkrankungen, Windelsoor
1 Teel. Mandelöl und 10 Tr. Lavendelöl mischen und die betroffenen Stellen damit abwischen.

Schlafprobleme
1 Tr. Lavendel, Geranie oder Rose aufs Kopfkissen, auf den Schlafanzug oder auf ein Tuch geben und ins Bettchen legen.

Sonnenbrand
Quarkpackung aus 2 Eßl. Quark, 1 Teel. Avocadoöl und 5 Tr. Lavendel zubereiten und auf die geröteten Hautpartien auftragen, anschließend mit lauwarmem Wasser abwaschen und mit einer Ölmischung aus 1 Eßl. Avocadoöl und 2 Tr. Lavendelöl pflegen.

Verbrennungen, Verbrühungen
lokal mit Lavendel betupfen.

Verstauchungen, Prellungen
Breiumschläge mit Kamille und Lavendel auflegen.

Warzen
mit 1 Tr. Tea Tree oder Zitrone 1-3x täglich beträufeln.

Windeldermatitis
Schutzsalbe von S. 48 auftragen oder lokal mit 1 Tr. Lavendel betupfen; Bäder mit Benzoe, Kamille, Lavendel oder Myrrhe bereiten.

Windpocken
Juckreiz-Lotion von S. 42 auftragen.

Natürliche Baby- und Kinderpflege

Milde und reizfreie Pflege ist für zarte Baby- und Kinderhaut besonders wichtig. Kinderpflege soll die Haut reinigen, schützen und nähren. Für die Hautreinigung ist es bei Babys ausreichend, 1x pro Woche zu baden. Öfteres Baden würde die Haut auslaugen und für Entzündungen o. ä. anfälliger machen. Gut geeignet sind Sahne- oder Ölbäder. Nach dem Baden in Sahne oder Öl braucht die Haut nicht eingecremt zu werden, da sie gut gereinigt und gleichzeitig gepflegt wurde. Bei Schaumbädern empfiehlt es sich, die Haut anschließend leicht zu cremen oder zu ölen. Wichtig ist es aber, den Körper der Kinder nach dem Baden gut abzutrocknen. Besonders die Hautfalten müssen sorgfältig getrocknet werden. Achten Sie auch immer darauf, daß beim Einpudern der Puderstreuer fest auf dem Gefäß sitzt. Der beim Lösen des Deckels auf einmal ausgeschüttete Puderstaub könnte Ihrem Kind ansonsten Atemprobleme bereiten.
Zur Reinigung des Pos genügt es oft, ein Zelltüchlein mit Pflanzenöl zu tränken und den Po abzuwischen.
Spezielle Gesichtspflege ist für Babys, Kleinkinder und Schulkinder nicht notwendig. In der kalten Jahreszeit aber sollten die Wangen mit einer Schutzcreme gepflegt werden, um so vor den Witterungseinflüssen zu schützen.

Für Kleinkinder und Schulkinder ist Duschen viel hautfreundlicher als Baden. Dafür reicht ganz wenig Duschgel aus. Da Schaumbäder den Kindern aber viel Spaß machen, sollten Sie nicht ganz darauf verzichten, zum Ausgleich jedoch die Haut nach dem Bad leicht einölen.

Baby-Schutz-Pflege

5g gelbes Bienenwachs
3g Sheabutter
30ml Mandelöl
2 Tr. Kamille
3 Tr. Lavendel
Bienenwachs, Sheabutter und Mandelöl im Wasserbad auf 60°C erhitzen und schmelzen. Während der Abkühlphase stetig rühren und die ätherischen Öle untermischen.

Wund-Salbe

5g gelbes Bienenwachs
3g Sheabutter
10ml Olivenöl
10ml Weizenkeimöl
2 Tr. Kamille
5 Tr. Lavendel
Bienenwachs, Sheabutter und Mandelöl im Wasserbad auf 60°C erhitzen und schmelzen. Während der Abkühlphase stetig rühren und die ätherischen Öle untermischen.

Baby-Puder

30g Seidenpuder
2 Tr. Kamille
2 Tr. Lavendel
Alle Zutaten miteinander vermischen

Kinder-Shampoo

100ml Seifengrundlage
6 Tr. Orange
4 Tr. Mandarine
3 Tr. Vanille
Alle Zutaten miteinander vermischen.

Als besonders gute Schutzsalbe bei empfindlicher, schuppiger, rissiger oder wunder Haut ist die folgende Pflege-Grundlage gut geeignet. Ganz nach Wunsch können 5-7 Tropfen ätherisches Öl untergemischt werden. Aufgrund seiner hautpflegenden Eigenschaften ist insbesondere Lavendel zu empfehlen.

SCHUTZ-SALBE
35g Wollwachs
15g Kokosöl
Zutaten miteinander im Wasserbad erhitzen und vermischen. Während des Abkühlens stetig rühren und eventuell ätherische Öle dazugeben.

KINDER-DUFT-SPIELE

MOBILE

Aus Pappe oder saugfähigem Material beliebige Figuren wie z. B. Monde, Sterne, Tiere, o. ä. ausschneiden, an einem Holz-Kreuz befestigen und aufhängen.
Direkt auf die Figuren kann je 1 Tropfen Öl geträufelt werden. Verwenden Sie ähnlich wirkende Öle, wie z. B. Citrusöle oder Essenzen mit beruhigender Eigenschaft.

DUFTBALLONS

Geben Sie auf Stoffreste von ca. 15x15cm Größe 2-3 Eßl. Kräuter und binden Sie daraus kleine Stoffballons ab. Diese Ballons können Sie nun mit je 1 Tr. Essenz beträufeln und auf eine Schnur aufziehen.
Es eignen sich ätherische Öle unde Kräuter von Jasmin, Rose, Lavendel oder Kamille. Diese Duftballon-Kette kann dann ans Kinderbettchen oder an den Kinderwagen gebunden werden.

NASEN-SPIEL

Verwenden Sie Essenzen Ihrer Wahl und suchen Sie dazu passende Bilder. So z. B. Zitronenöl und das Bild einer Zitrone oder eine gelbe Karte, Honigöl und ein Bienenbild.
Kinder können auch das passende Bild malen.
Für dieses Spiel gibt es mehrere Spielregeln:
a) am Öl schnuppern und die passende Karte suchen
b) eine Karte wählen und das zugehörige Öl suchen
c) eine Karte oder ein Öl beschreiben, z. B. „schmeckt sauer", und die Mitspieler raten lassen.

Duftlabor

Kinder können sich ihr eigenes Parfüm mischen.
Auf der Grundlage von 20ml Pflanzenöl, am besten ist Jojobaöl, ca. 20 Tropfen Essenz nach Wunsch vermischen.

Traumfresserchen

Auf ca. 20x20cm blauen, lila oder rosefarbenen Stoff (beruhigende Farben) eine Mischung aus folgenden Kräutern geben: Von Rosen-, Lavendel-, Jasmin-, Kamilleblüten und Patchoulikraut je 1 Eßl. auf den Stoff geben und mit je einem Tropfen Essenz Rose, Jasmin, Lavendel, Vanille und Benzoe beträufeln. Die Kräuter auf dem Tuch als "Kopf" abbinden und ins Bettchen legen. Diese Mischung wirkt beruhigend, ausgleichend, harmonisierend und einschläfernd.

Literaturempfehlungen

Davis, Patricia: „Aromatherapie von A-Z", München 1990, Knaur Verlag

Drury, Nevil und Susan: „Handbuch der heilenden Öle, Aromen und Essenzen", durach 1989, Windpferd Verlag

Fischer-Rizzi, Susanne: „Poesie der Düfte", Isny 1989, Joy Verlag

Flade, Sigrid: „Allergien natürlich behandeln", München 1991, Gräfe und Unzer

Henglein, Martin: „Die heilende Kraft der Wohlgerüche und Essenzen", Bergisch Gladbach 1990, Verlag Bastei Lübbe

Kraus, Michael: „Aromatherapie für jeden Tag", Pfalzpaint 1991, Verlag Simon & Wahl

Kraus, Michael: „Einführung in die Aromatherapie", Pfalzpaint 1990, Verlag Simon & Wahl

Maury, Marguerite: „Die Geheimnisse der Aromatherapie. Wohlgerüche für Gesundheit und Kraft, Vitalität, Jugend und Schönheit", Aintrang 1990, Windpferd Verlag

Méssegué, Maurice: „Das Méssegué Heilkräuter-Lexikon", Rastatt 1990, Moewig Verlag

Pahlow, Manfred: „Hausapotheke. Bewährte Hausmittel zur Behandlung von Alltagsbeschwerden", München 1992, Gräfe und Unzer

Stellmann, Hermann: „Kinderkrankheiten natürlich behandeln", München 1991, Gräfe und Unzer

Tisserand, Robert: „Aromatherapie", Freiburg 1989, Bauer Verlag

Valnet, Jean: „Aromatherapie", München 1990, Heyne Verlag

Weed, Susan: „Naturheilkunde für schwangere Frauen und Säuglinge", Berlin 1992, Orlanda Frauenverlag

Winter, Marion, Michael Kraus: „Praktische Aromakosmetik", Gaimersheim 1993, Verlag Simon & Wahl

Praktische Aromakosmetik

Das Autorenteam Winter/Kraus gibt allen Naturkosmetikfreunden praxisbezogene Ratschläge und Anleitungen für die Herstellung individueller, haut- und umweltfreundlicher Pflegeprodukte.
Viele schnell und unkompliziert nachvollziehbare Rezepte, von der Gesichtslotion bis zum Haarwasser, machen dieses Buch zu einer verlockenden Einladung, die Geheimnisse der Aromakosmetik für die eigene Schönheitspflege zu entdecken.

Marion Winter/Michael Kraus
„Praktische Aromakosmetik"
ISBN 3-923330-71-5
88 Seiten, 16,80 DM

Die Heilkraft der Aromen

Christine Roidl
„Die Heilkraft der Aromen"
ISBN 3-923330-76-7
59 Seiten, 9,60 DM

Dieses Buch ermutigt alle Leserinnen, Schwangerschaft, Geburt und Mutterschaft als individuellen Erfahrungsprozeß bewußt und mit offenen Augen zu durchleben. Als erfahrene Hebamme und Aromatherapeutin lehrt Christine Roidl, Angst, Verunsicherung und Depressionen, aber auch physische Beschwerden wie Übelkeit oder Krampfadern als Signale des Körpers zu verstehen, die sich am besten mit wachem Interesse für die eigene Person und den subtilen Pflanzenbotschaften der ätherischen Öle beantworten lassen.

Verlag Simon & Wahl
Am Mauret 2 • 85116 Egweil

Lexikon mit 142 verschiedenen Ölen

Das Buch von Michael Kraus ist dem Geruchssinn gewidmet, der bisher zu Unrecht weit hinter den anderen menschlichen Sinnen zurückstand. Es werden zum ersten Mal 142 verschiedene Öle vorgestellt und umfassend besprochen. Das Buch bietet eine wertvolle Hilfe für jeden, der sich ausführlich über die verschiedenen ätherischen Öle und ihre körperlichen und seelischen Wirkungen informieren will.

M. Kraus
„Ätherische Öle
für Körper, Geist und Seele"
ISBN 3-923330-16-2,
153 Seiten, 19,80 DM

Massage, Meditation und Bewegung

Michael Kraus bringt uns mit diesem Buch von den destruktiven Pfaden starrer, passiver Verhaltensmuster ab, um uns den Weg zu einer bewußten, dynamischen Lebenseinstellung zu weisen. Ob wir in der partnerschaftlichen Bezogenheit einfühlsamer Massageberührungen lernen, die Sprache unseres Körpers zu verstehen, meditierend unsere Verbundenheit mit der gesamten Existenz erfahren oder in der Bewegung die Quelle unserer physischen wie psychischen Vitalität erschließen – ätherische Öle können uns mit ihren subtilen Wirkungsweisen wertvolle Begleiter auf diesem Weg zu einem ganzheitlichen, erfüllten Leben sein.

M. Kraus
„Massage, Meditation und Bewegung mit ätherischen Ölen"
ISBN 3-923330-36-7,
96 Seiten, 19,80 DM

Verlag Simon & Wahl
Am Mauret 2 • 85116 Egweil

Liebeszauber mit ätherischen Ölen

Dieses Buch soll helfen, unsere fünf Sinne wieder neu zu entdecken, und so zu einer neuen Sinnlichkeit zu finden, genauer gesagt, diesen verschütteten Schatz wieder zu heben. Die einzelnen aphrodisisch wirkenden Essenzen werden eingehend beschrieben. Im praktischen Teil erscheinen umfangreiche Rezepturen zum **Genießen**, **Betören** und **Verführen**: Liebesöle, verführerische Parfums, sinnliche Cremes, magische Liebeszaubereien, erotisierende Kissen, schmeichelnd beduftete Bettwäsche und Dessous, Baderituale und vieles mehr erwarten den interessierten Leser dieses Buches.

M. Kraus
„Liebeszauber
mit ätherischen Ölen"
ISBN 3-923330-31-6,
92 Seiten, 16,80 DM

Einsatzmöglichkeiten der ätherischen Öle

Ziel dieses Buches ist es, die ungeheure Vielfalt der Einsatzmöglichkeiten der ätherischen Öle in der Körperpflege, bei kleinen Krankheiten, in Arbeit und Freizeit, im ganz normalen Alltag eben zum Ausdruck zu bringen.
Schließlich kommen noch die Bezüge der ätherischen Öle zur Esoterik zur Sprache: Sternzeichen, Planeten, Chakras, die Hauptkarten des Tarot, die Heilkräfte der Halbedelsteine und die jeweiligen Essenzen werden einander zugeordnet und ihre Anwendung beschrieben.

M. Kraus
„Aromatherapie
für jeden Tag"
ISBN 3-923330-26-X,
95 Seiten, 16,80 DM

Verlag Simon & Wahl
Am Mauret 2 • 85116 Egweil

Ätherische Öle im täglichen Leben

Dieses Buch führt den Leser umfassend in die Geheimnisse der Aromatherapie ein und ermöglicht ihm so einen gezielten Umgang mit ätherischen Ölen im täglichen Leben. Die Beschreibung der Öle und ihrer Wirkung erfolgt aufgrund umfangreicher Erfahrungen des Autors, der sich auch Essenzen widmet, die in der bisherigen Literatur noch keine Erwähnung fanden.

M. Kraus
„Einführung in die Aromatherapie"
ISBN 3-923330-90-1,
106 Seiten, 11,80 DM

Völlig neue Würzerlebnisse

In dem Buch „Die neue Vollwertküche mit ätherischen Ölen" werden dem Leser völlig neue Würzerlebnisse vermittelt. Durch die Verwendung von Essenzen in der Küche können Speisen auf gewohnte Art aromatisiert werden oder um einige Geschmacksvarianten erweitert werden.
Gleichzeitig läßt sich durch die Verwendung von ätherischen Ölen beim Kochen das körperliche Wohlbefinden steigern und eine Einflußnahme auf seelische Verfassungen und Gefühle erreichen.

M. Kraus
„Die neue Vollwertküche mit ätherischen Ölen"
ISBN 3-923330-11-1,
110 Seiten, 16,80 DM

Verlag Simon & Wahl
Am Mauret 2 • 85116 Egweil

Kosmetik & Duft

AROMA-KOSMETIK

- ätherische Öle
- Cremegrundlagen
- Seifengrundlagen
- Rohstoffe
- Zubehör
- ... alles für Aroma-Kosmetik zum Selbermachen

- Fertigkosmetik ohne synthetische Zusätze
- Kosmetik-Behandlungen
- Vorträge, Seminare

Fordern Sie unsere aktuellen Angebote an bei

Marion Winter
Tucherstraße 5 • 90403 Nürnberg
Telefon (09 11) 22 50 96

Essences Simon

Große Auswahl reiner ätherischer Öle und Duftkompositionen

Einen ausführlichen Prospekt erhalten Sie auf Anfrage

Am Mauret 2
85116 Egweil